Impressum
Verlag: BABADADA GmbH, Nedderfeld 112 , 22529 Hamburg
Geschäftsführer / Verlagsleitung: Harald Hof
Druck: Books on Demand GmbH, In de Tarpen 42, 22848 Norderstedt

Imprint
Publisher: BABADADA GmbH, Nedderfeld 112 , 22529 Hamburg, Germany
Managing Director / Publishing direction: Harald Hof
Print: Books on Demand GmbH, In de Tarpen 42, 22848 Norderstedt

luokkahuone
das Klassenzimmer

jakaa
dividieren

186/2

taulu
die Tafel

koulunpiha
der Schulhof

opettaja
der Lehrer

paperi
das Papier

kirjoittaa
schreiben

kynä
der Stift

kirjoituspöytä
der Schreibtisch

viivoitin
das Lineal

kirja
das Buch

oppilas
die Schüler

reppu

der Ranzen

penaali

die Federmappe

lyijykynä

der Bleistift

kynänteroitin

der Bleistiftanspitzer

pyyhekumi

das Radiergummi

piirustuslehtiö

der Zeichenblock

piirustus

die Zeichnung

pensseli

der Pinsel

vesivärit

der Malkasten

sakset

die Schere

liima

der Klebstoff

harjoituskirja

das Übungsheft

kotitehtävä

die Hausaufgabe

luku

die Zahl

lisätä

addieren

vähentää

subtrahieren

kertoa

multiplizieren

laskea

rechnen

kirjain

der Buchstabe

aakkoset

das Alphabet

sana

das Wort

teksti

der Text

lukea

lesen

liitu

die Kreide

oppitunti

die Stunde

opettajan muistikirja

das Klassenbuch

koe

die Prüfung

todistus

das Zeugnis

koulupuku

die Schuluniform

koulutus

die Ausbildung

sanakirja

das Lexikon

yliopisto

die Universität

mikroskooppi

das Mikroskop

kartta

die Karte

roskakori

der Papierkorb

hotelli
das Hotel

retkeilymaja
die Herberge

rahanvaihto
die Wechselstube

matkalaukku
der Koffer

auto
das Auto

kieli

die Sprache

kyllä / ei

ja / nein

selvä

Okay

hei

Hallo

tulkki

der Übersetzer

kiitos

Danke

Paljonko...maksaa?

Was kostet...?

en ymmärrä

Ich verstehe nicht

ongelma

das Problem

Hyvää iltaa!

Guten Abend!

Hyvää huomenta!

Guten Morgen!

Hyvää yötä!

Gute Nacht!

näkemiin

Auf Wiedersehen

suunta

die Richtung

matkatavarat

das Gepäck

laukku

die Tasche

reppu

der Rucksack

vieras

der Gast

huone

das Zimmer

makuupussi

der Schlafsack

teltta

das Zelt

turisti-info
die Touristeninformation

ranta
der Strand

luottokortti
die Kreditkarte

aamupala
das Frühstück

lounas
das Mittagessen

päivällinen
das Abendessen

matkalippu
die Fahrkarte

hissi
der Fahrstuhl

postimerkki
die Briefmarke

raja
die Grenze

tulli
der Zoll

suurlähetystö
die Botschaft

viisumi
das Visum

passi
der Pass

lentokone
das Flugzeug

laiva
das Schiff

paloauto
das Feuerwehrauto

kuorma-auto
der Lastwagen

linja-auto
der Bus

moottorivene
das Motorboot

auto
das Auto

polkupyörä
das Fahrrad

lautta
die Fähre

vene
das Boot

moottoripyörä
das Motorrad

poliisiauto
das Polizeiauto

kilpa-auto
das Rennauto

vuokra-auto
der Mietwagen

car sharing

das Carsharing

hinausauto

der Abschleppwagen

roska-auto

das Müllauto

moottori

der Motor

polttoaine

der Kraftstoff

huoltoasema

die Tankstelle

liikennemerkki

das Verkehrsschild

liikenne

der Verkehr

ruuhka

der Stau

parkkipaikka

der Parkplatz

rautatieasema

der Bahnhof

raiteet

die Schienen

juna

der Zug

raitiovaunu

die Straßenbahn

vaunu

der Wagon

helikopteri

der Helikopter

lentokenttä

der Flughafen

lähilennonjohto

der Tower

matkustaja

der Passagier

kontti

der Container

pahvilaatikko

der Karton

kärryt

der Karren

kori

der Korb

nousta / laskea

starten / landen

kaupunki

die Stadt

kylä

das Dorf

keskusta

das Stadtzentrum

talo

das Haus

elokuvateatteri
das Kino

mainos
die Werbung

katuvalo
die Straßenlaterne

katu
die Straße

taksi
das Taxi

kioski
der Kiosk

jalankulkija
der Fußgänger

jalkakäytävä
der Bürgersteig

suojatie
der Zebrastreifen

jäteastia
die Mülltonne

risteys
die Kreuzung

liikennevalot
die Ampel

mökki

die Hütte

kerrostalo

die Wohnung

rautatieasema

der Bahnhof

kaupungintalo

das Rathaus

museo

das Museum

koulu

die Schule

yliopisto

die Universität

pankki

die Bank

sairaala

das Krankenhaus

hotelli

das Hotel

apteekki

die Apotheke

toimisto

das Büro

kirjakauppa

die Buchhandlung

liike

das Geschäft

kukkakauppa

der Blumenladen

supermarketti

der Supermarkt

tori

der Markt

tavaratalo

das Kaufhaus

kalakauppias

der Fischhändler

ostoskeskus

das Einkaufszentrum

satama

der Hafen

puisto

der Park

penkki

die Bank

silta

die Brücke

portaat

die Treppe

metro

die U-Bahn

tunneli

der Tunnel

linja-autopysäkki

die Bushaltestelle

baari

die Bar

ravintola

das Restaurant

postilaatikko

der Briefkasten

katukyltti

das Straßenschild

parkkimittari

die Parkuhr

eläintarha

der Zoo

uimala

die Badeanstalt

moskeija

die Moschee

maatila
der Bauernhof

ympäristön saastuminen
die Umweltverschmutzung

hautausmaa
der Friedhof

kirkko
die Kirche

leikkikenttä
der Spielplatz

temppeli
der Tempel

maisema
die Landschaft

lehti
das Blatt

tienviitta
der Wegweiser

tie
der Weg

niitty
die Wiese

kivi
der Stein

puu
der Baum

retkeilijä
der Wanderer

joki
der Fluss

ruoho
das Gras

kukka
die Blume

laakso

das Tal

vuori

der Berg

järvi

der See

metsä

der Wald

aavikko

die Wüste

tulivuori

der Vulkan

linna

das Schloss

sateenkaari

der Regenbogen

sieni

der Pilz

palmu

die Palme

hyttynen

der Moskito

kärpänen

die Fliege

muurahainen

die Ameise

mehiläinen

die Biene

hämähäkki

die Spinne

kovakuoriainen

der Käfer

sammakko

der Frosch

orava

das Eichhörnchen

siili

der Igel

jänis

der Hase

pöllö

die Eule

lintu

die Vogel

joutsen

der Schwan

villisika

das Wildschwein

peura

der Hirsch

hirvi

der Elch

pato

der Staudamm

tuulimylly

das Windrad

aurinkopaneeli

das Solarmodul

ilmasto

das Klima

tarjoilija
der Kellner

ruokalista
die Speisekarte

tuoli
der Stuhl

keitto
die Suppe

pitsa
die Pizza

ruokailuvälineet
das Besteck

pöytäliina
die Tischdecke

alkuruoka
die Vorspeise

pääruoka
das Hauptgericht

jälkiruoka
die Nachspeise

juomat
die Getränke

ruoka
das Essen

pullo
die Flasche

pikaruoka

das Fastfood

katuruoka

das Streetfood

teekannu

die Teekanne

sokeriastia

die Zuckerdose

annos

die Portion

espressokeitin

die Espressomaschine

syöttötuoli

der Hochstuhl

lasku

die Rechnung

tarjotin

das Tablett

veitsi

das Messer

haarukka

die Gabel

lusikka

der Löffel

teelusikka

der Teelöffel

servietti

die Serviette

lasi

das Glas

lautanen
der Teller

syvä lautanen
der Suppenteller

aluslautanen
die Untertasse

kastike
die Sauce

suolasirotin
der Salzstreuer

pippurimylly
die Pfeffermühle

etikka
der Essig

öljy
das Öl

mausteet
die Gewürze

ketsuppi
das Ketchup

sinappi
der Senf

majoneesi
die Mayonnaise

tarjous
das Angebot

asiakas
der Kunde

maitotuotteet
die Milchprodukte

hedelmät
das Obst

ostoskärryt
der Einkaufswagen

teurastamo
die Schlachterei

leipomo
die Bäckerei

punnita
wiegen

kasvikset
das Gemüse

liha
das Fleisch

pakasteet
die Tiefkühlkost

leikkele

der Aufschnitt

säilykkeet

die Konserven

pesujauhe

das Waschmittel

makeiset

die Süßigkeiten

kotitaloustarvikkeet

die Haushaltsartikel

puhdistusaineet

das Reinigungsmittel

myyjä

die Verkäuferin

kassa

die Kasse

kassanhoitaja

der Kassierer

ostoslista

die Einkaufsliste

aukioloajat

die Öffnungszeiten

lompakko

die Brieftasche

luottokortti

die Kreditkarte

kassi

die Tasche

muovipussi

die Plastiktüte

vesi

das Wasser

mehu

der Saft

maito

die Milch

kokis

die Cola

viini

der Wein

olut

das Bier

alkoholi

der Alkohol

kaakao

der Kakao

tee

der Tee

kahvi

der Kaffee

espresso

der Espresso

cappuccino

der Cappuccino

banaani

die Banane

omena

der Apfel

appelsiini

die Orange

meloni

die Melone

sitruuna

die Zitrone

porkkana

die Karotte

valkosipuli

der Knoblauch

bambu

der Bambus

sipuli

die Zwiebel

sieni

der Pilz

pähkinät

die Nüsse

spagetti

die Nudeln

spagetti

die Spaghetti

riisi

der Reis

salaatti

der Salat

ranskalaiset

die Pommes frites

paistetut perunat

die Bratkartoffeln

pitsa

die Pizza

hampurilainen

der Hamburger

voileipä

das Sandwich

leike

das Schnitzel

kinkku

der Schinken

salami

die Salami

makkara

die Wurst

kana

das Huhn

paisti

der Braten

kala

der Fisch

kaurahiutaleet

die Haferflocken

mysli

das Müsli

murot

die Cornflakes

jauho

das Mehl

voisarvi

das Croissant

sämpylä

das Brötchen

leipä

das Brot

paahtoleipä

der Toast

keksit

die Kekse

voi

die Butter

rahka

der Quark

kakku

der Kuchen

kananmuna

das Ei

paistettu kananmuna

das Spiegelei

juusto

der Käse

jäätelö

die Eiscreme

sokeri

der Zucker

hunaja

der Honig

hillo

die Marmelade

suklaapähkinälevite

die Nougat-Creme

curry

das Curry

maatila
das Bauernhaus

heinäpaali
der Strohballen

lato; liiteri
die Scheune

pelto
das Feld

hevonen
das Pferd

peräkärry
der Anhänger

varsa
das Fohlen

traktori
der Traktor

aasi
der Esel

lammas
das Schaf

karitsa
das Lamm

vuohi

die Ziege

lehmä

die Kuh

vasikka

das Kalb

sika

das Schwein

porsas

das Ferkel

sonni

der Bulle

hanhi

die Gans

ankka

die Ente

tipu

das Küken

kana

das Huhn

kukko

der Hahn

rotta

die Ratte

kissa

die Katze

hiiri

die Maus

härkä

der Ochse

koira

der Hund

koirankoppi

die Hundehütte

puutarhaletku

der Gartenschlauch

kastelukannu

die Gießkanne

viikate

die Sense

aura

der Pflug

sirppi

die Sichel

kuokka

die Hacke

talikko

die Mistgabel

kirves

die Axt

kottikärryt

die Schubkarre

kaukalo

der Trog

maitokannu

die Milchkanne

säkki

der Sack

aita

der Zaun

talli

der Stall

kasvihuone

das Treibhaus

maa

der Boden

siemen

die Saat

lannoite

der Dünger

leikkuupuimuri

der Mähdrescher

kerätä sato
ernten

sato
die Ernte

jamssit
die Yamswurzel

vehnä
der Weizen

soija
das Soja

peruna
die Kartoffel

maissi
der Mais

rypsi
der Raps

hedelmäpuu
der Obstbaum

maniokki
der Maniok

vilja
das Getreide

savupiippu
der Schornstein

katto
das Dach

sadevesikouru
die Regenrinne

ikkuna
das Fenster

autotalli
die Garage

ovikello
die Klingel

ovi
die Tür

roska-astia
der Mülleimer

postilaatikko
der Briefkasten

puutarha
der Garten

olohuone
das Wohnzimmer

kylpyhuone
das Badezimmer

keittiö
die Küche

makuuhuone
das Schlafzimmer

lastenhuone
das Kinderzimmer

ruokahuone
das Esszimmer

lattia

der Boden

seinä

die Wand

katto

die Decke

kellari

der Keller

sauna

die Sauna

parveke

der Balkon

terassi

die Terrasse

uima-allas

das Schwimmbad

ruohonleikkuri

der Rasenmäher

lakana

der Bettbezug

päiväpeitto

die Bettdecke

sänky

das Bett

harja

der Besen

ämpäri

der Eimer

katkaisin

der Schalter

tapetti
die Tapete

kuva
das Bild

lamppu
die Lampe

hylly
das Regal

kaappi
der Schrank

takka
der Kamin

televisio
der Fernseher

kukka
die Blume

tyyny
das Kissen

sohva
das Sofa

maljakko
die Vase

kaukosäädin
die Fernbedienung

matto
der Teppich

verho
der Vorhang

pöytä
der Tisch

tuoli
der Stuhl

keinutuoli
der Schaukelstuhl

nojatuoli
der Sessel

kirja

das Buch

peitto

die Decke

koriste

die Dekoration

polttopuut

das Feuerholz

elokuva

der Film

stereot

die Stereoanlage

avain

der Schlüssel

sanomalehti

die Zeitung

maalaus

das Gemälde

juliste

das Poster

radio

das Radio

muistivihko

der Notizblock

pölynimuri

der Staubsauger

kaktus

der Kaktus

kynttilä

die Kerze

mikroaaltouuni
die Mikrowelle

jääkaappi
der Kühlschrank

keittiövaaka
die Küchenwaage

leivänpaahdin
der Toaster

pesuaine
das Reinigungsmittel

leivinuuni
der Backofen

pakastinlokero
das Gefrierfach

roska-astia
der Mülleimer

astianpesukone
der Geschirrspüler

liesi

der Herd

kattila

der Topf

rautapata

der Eisentopf

okkipannu / kadai-pannu

der Wok / Kadai

paistinpannu

die Pfanne

teepannu

der Wasserkocher

höyrykeitin

der Dampfgarer

uunipelti

das Backblech

astiat

das Geschirr

muki

der Becher

kulho

die Schale

syömäpuikot

die Essstäbchen

kauha

die Suppenkelle

paistinlasta

der Pfannenwender

vispilä

der Schneebesen

siivilä

das Kochsieb

siivilä

das Sieb

raastin

die Reibe

mortteli

der Mörser

grilli

der Grill

avotuli

die Feuerstelle

leikkuulauta

das Schneidebrett

kaulin

das Nudelholz

korkinavaaja

der Korkenzieher

purkki

die Dose

purkinavaaja

der Dosenöffner

pannulappu

der Topflappen

lavuaari

das Waschbecken

tiskiharja

die Bürste

pesusieni

der Schwamm

tehosekoitin

der Mixer

pakastin

die Gefriertruhe

tuttipullo

die Babyflasche

vesihana

der Wasserhahn

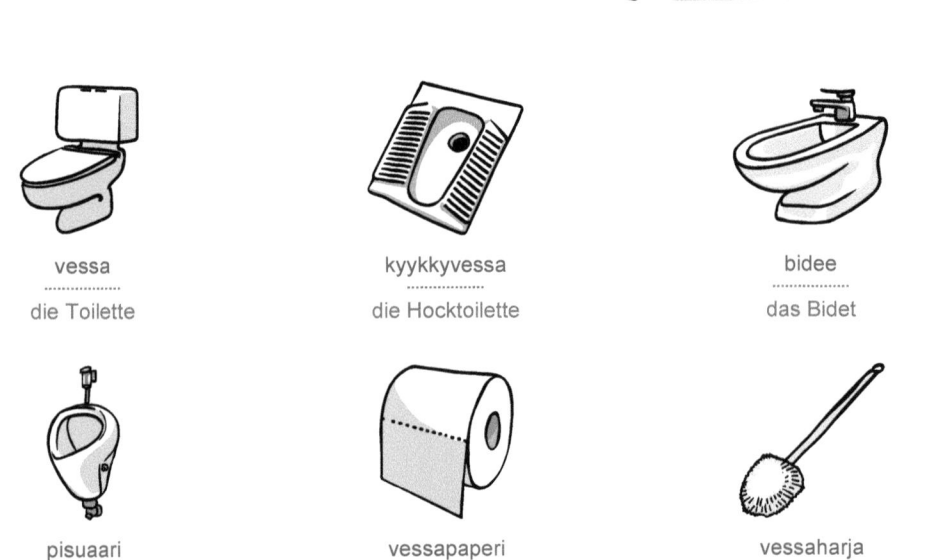

suihku
die Dusche

lämmitys
die Heizung

pyyhe
das Handtuch

suihkuverho
der Duschvorhang

vaahtokylpy
das Schaumbad

kylpyamme
die Badewanne

lasi
das Glas

pesukone
die Waschmaschine

vesihana
der Wasserhahn

kaakelit
die Fliesen

potta
das Töpfchen

lavuaari
das Waschbecken

vessa	kyykkyvessa	bidee
die Toilette	die Hocktoilette	das Bidet
pisuaari	vessapaperi	vessaharja
das Pissoir	das Toilettenpapier	die Toilettenbürste

hammasharja

die Zahnbürste

hammastahna

die Zahnpasta

hammaslanka

die Zahnseide

pestä

waschen

käsisuihku

die Handbrause

intiimisuihku

die Intimdusche

pesuvati

die Waschschüssel

selkäharja

die Rückenbürste

saippua

die Seife

suihkugeeli

das Duschgel

shampoo

das Shampoo

pesulappu

der Waschlappen

viemäri

der Abfluss

voide

die Creme

deodorantti

das Deodorant

peili

der Spiegel

käsipeili

der Kosmetikspiegel

partaveitsi

der Rasierer

partavaahto

der Rasierschaum

partavesi

das Rasierwasser

kampa

der Kamm

harja

die Bürste

hiustenkuivaaja

der Föhn

hiuslakka

das Haarspray

meikki

das Makeup

huulipuna

der Lippenstift

kynsilakka

der Nagellack

pumpuli

die Watte

kynsisakset

die Nagelschere

hajuvesi

das Parfum

kosmetiikkalaukku

der Kulturbeutel

jakkara

der Hocker

vaaka

die Waage

kylpytakki

der Bademantel

kumihansikkaat

die Gummihandschuhe

tamponi

das Tampon

terveysside

die Damenbinde

kemiallinen wc

die Chemietoilette

herätyskello
der Wecker

pehmolelu
das Kuscheltier

leikkiauto
das Spielzeugauto

helistin
die Rassel

nukkekoti
das Puppenhaus

lahja
das Geschenk

ilmapallo
....
der Ballon

sänky
....
das Bett

lastenvaunut
....
der Kinderwagen

korttipeli
....
das Kartenspiel

palapeli
....
das Puzzle

sarjakuva
....
der Comic

legopalikat

die Legosteine

rakennuspalikat

die Bausteine

supersankari

die Action Figur

potkupuku

der Strampelanzug

frisbee

das Frisbee

mobile

das Mobile

lautapeli

das Brettspiel

noppa

der Würfel

pienoisjunarata

die Modelleisenbahn

tutti

der Schnuller

juhlat

die Party

kuvakirja

das Bilderbuch

pallo

der Ball

nukke

die Puppe

leikkiä

spielen

hiekkalaatikko

der Sandkasten

keinu

die Schaukel

lelut

das Spielzeug

pelikonsoli

die Spielkonsole

kolmipyörä

das Dreirad

nalle

der Teddy

vaatekaappi

der Kleiderschrank

vaatteet
die Kleidung

sukat

die Socken

nylonsukat

die Strümpfe

sukkahousut

die Strumpfhose

kaulaliina
der Schal

sateenvarjo
der Regenschirm

vyö
der Gürtel

t-paita
das T-Shirt

lenkkarit
die Turnschuhe

saappaat
der Stiefel

sisätossut
die Hausschuhe

sandaalit
die Sandalen

kengät
die Schuhe

kumisaappaat
die Gummistiefel

alushousut
die Unterhose

rintaliivit
der Büstenhalter

aluspaita
das Unterhemd

vaatteet - die Kleidung

body
....
der Body

housut
....
die Hose

farkut
....
die Jeans

hame
....
der Rock

pusero
....
die Bluse

paita
....
das Hemd

villapaita
....
der Pullover

collegepaita
....
der Kapuzenpullover

jakku
....
der Blazer

takki
....
die Jacke

takki
....
der Mantel

sadetakki
....
der Regenmantel

puku
....
das Kostüm

mekko
....
das Kleid

hääpuku
....
das Hochzeitskleid

puku

der Anzug

yöpaita

das Nachthemd

pyjama

der Schlafanzug

shari

der Sari

päähuivi

das Kopftuch

turbaani

der Turban

burka

die Burka

kaftaani

der Kaftan

abaya

die Abaya

uimapuku

der Badeanzug

uimahousut

die Badehose

shortsit

die kurze Hose

verkkarit

der Trainingsanzug

esiliina

die Schürze

käsineet

die Handschuhe

nappi

der Knopf

silmälasit

die Brille

rannekoru

das Armband

kaulakoru

die Halskette

sormus

der Ring

korvakoru

der Ohrring

lippalakki

die Mütze

ripustin

der Kleiderbügel

hattu

der Hut

solmio

die Krawatte

vetoketju

der Reißverschluss

kypärä

der Helm

henkselit

der Hosenträger

koulupuku

die Schuluniform

univormu

die Uniform

ruokalappu
das Lätzchen

tutti
der Schnuller

vaippa
die Windel

toimisto
das Büro

palvelin
der Server

asiakirjakaappi
der Aktenschrank

tulostin
der Drucker

näyttö
der Monitor

aperi
as Papier

hiiri
die Maus

kirjoituspöytä
der Schreibtisch

kansio
der Ordner

näppäimistö
die Tastatur

roskakori
der Papierkorb

tuoli
der Stuhl

tietokone
der Computer

kahvimuki
der Kaffeebecher

taskulaskin
der Taschenrechner

internet
das Internet

kannettava tietokone
der Laptop

kirje
der Brief

viesti
die Nachricht

kännykkä
das Handy

verkko
das Netzwerk

kopiokone
der Kopierer

ohjelmisto
die Software

puhelin
das Telefon

pistorasia
die Steckdose

faksi
das Fax

lomake
das Formular

asiakirja
das Dokument

ostaa

kaufen

maksaa

bezahlen

vaihtaa

handeln

raha

das Geld

dollari

der Dollar

euro

der Euro

jeni

der Yen

rupla

der Rubel

frangi

der Franken

renminbi juan

der Renminbi Yuan

rupia

die Rupie

pankkiautomaatti

der Geldautomat

rahanvaihto

die Wechselstube

kulta

das Gold

hopea

das Silber

öljy

das Öl

energia

die Energie

hinta

der Preis

sopimus

der Vertrag

vero

die Steuer

osake

die Aktie

työskennellä

arbeiten

työntekijä

der Angestellte

työnantaja

der Arbeitgeber

tehdas

die Fabrik

liike

das Geschäft

poliisi
der Polizist

palomies
der Feuerwehrmann

kokki
der Koch

lääkäri
der Arzt

lentäjä
der Pilot

puutarhuri
der Gärtner

puuseppä
der Tischler

ompelija
die Näherin

tuomari
der Richter

kemisti
der Chemiker

näyttelijä
der Schauspieler

linja-autonkuljettaja

der Busfahrer

taksinkuljettaja

der Taxifahrer

kalastaja

der Fischer

siivooja

die Putzfrau

katontekijä

der Dachdecker

tarjoilija

der Kellner

metsästäjä

der Jäger

maalari

der Maler

leipuri

der Bäcker

sähköasentaja

der Elektriker

rakentaja

der Bauarbeiter

insinööri

der Ingenieur

teurastaja

der Schlachter

putkiasentaja

der Klempner

postinjakaja

der Postbote

ammatit - die Berufe

sotilas

der Soldat

arkkitehti

der Architekt

kassanhoitaja

der Kassierer

floristi

der Florist

kampaaja

der Friseur

konduktööri

der Schaffner

mekaanikko

der Mechaniker

kapteeni

der Kapitän

hammaslääkäri

der Zahnarzt

tiedemies

der Wissenschaftler

rabbi

der Rabbi

imaami

der Imam

munkki

der Mönch

pappi

der Geistliche

vasara
der Hammer

pihdit
die Zange

ruuvimeisseli
der Schraubendreher

jakoavain
der Schraubenschlüssel

taskulamppu
die Taschenlan

kaivinkone
der Bagger

työkalupakki
der Werkzeugkasten

tikkaat
die Leiter

saha
die Säge

naulat
die Nägel

pora
der Bohrer

korjata

reparieren

lapio

die Schaufel

Hitto!

Mist!

rikkalapio

das Kehrblech

maalipurkki

der Farbtopf

ruuvit

die Schrauben

soittimet

die Musikinstrumente

rummut
das Schlagzeug

kaiuttimet
der Lautsprecher

kitara
die Gitarre

kontrabasso
der Kontrabass

trumpetti
die Trompete

piano

das Klavier

viulu

die Violine

basso

der Bass

patarummut

die Pauke

rumpu

die Trommeln

kosketinsoitin

das Keyboard

saksofoni

das Saxophon

huilu

die Flöte

mikrofoni

das Mikrofon

tiikeri
der Tiger

sisäänkäynti
der Eingang

häkki
der Käfig

seepra
das Zebra

eläinten ruoka
das Tierfutter

panda
der Panda

eläimet
die Tiere

norsu
der Elefant

kenguru
das Känguruh

sarvikuono
das Nashorn

gorilla
der Gorilla

karhu
der Bär

kameli

das Kamel

strutsi

der Strauß

leijona

der Löwe

apina

der Affe

flamingo

der Flamingo

papukaija

der Papagei

jääkarhu

der Eisbär

pingviini

der Pinguin

hai

der Hai

riikinkukko

der Pfau

käärme

die Schlange

krokotiili

das Krokodil

eläintarhanhoitaja

der Zoowärter

hylje

die Robbe

jaguaari

der Jaguar

poni

das Pony

leopardi

der Leopard

virtahepo

das Nilpferd

kirahvi

die Giraffe

kotka

der Adler

villisika

das Wildschwein

kala

der Fisch

kilpikonna

die Schildkröte

mursu

das Walross

kettu

der Fuchs

gaselli

die Gazelle

amerikkalainen jalkapallo
das American Football

pyöräily
das Radfahren

tennis
das Tennis

koripallo
der Basketball

uinti
das Schwimmen

nyrkkeily
das Boxen

jääkiekko
das Eishockey

jalkapallo
....
der Fußball

sulkapallo
....
das Badminton

yleisurheilu
....
die Leichtathletik

käsipallo
....
der Handball

hiihto
....
das Skilaufen

poolo
....
das Polo

nauraa
lachen

hypätä
springen

halata
umarmen

kävellä
gehen

laulaa
singen

unelmoida
träumen

rukoilla
beten

suudella
küssen

kirjoittaa

schreiben

piirtää

zeichnen

näyttää

zeigen

painaa

drücken

antaa

geben

ottaa

nehmen

omistaa

haben

tehdä

tun

olla

sein

seisoa

stehen

juosta

laufen

vetää

ziehen

heittää

werfen

kaatua

fallen

maata

liegen

odottaa

warten

kantaa

tragen

istua

sitzen

pukeutua

anziehen

nukkua

schlafen

herätä

aufwachen

katsoa

ansehen

itkeä

weinen

silittää

streicheln

kammata

kämmen

puhua

reden

ymmärtää

verstehen

kysyä

fragen

kuunnella

hören

juoda

trinken

syödä

essen

siivota

aufräumen

rakastaa

lieben

keittää

kochen

ajaa

fahren

lentää

fliegen

purjehtia

segeln

laskea

rechnen

lukea

lesen

oppia

lernen

työskennellä

arbeiten

mennä naimisiin

heiraten

ommella

nähen

pestä hampaat

Zähne putzen

tappaa

töten

tupakoida

rauchen

lähettää

senden

mmo
Großmutter

ukki
der Großvater

isä
der Vater

äiti
die Mutter

vauva
das Baby

tytär
die Tochter

poika
der Sohn

vieras

der Gast

täti

die Tante

setä

der Onkel

veli

der Bruder

sisko

die Schwester

vartalo

der Körper

otsa
die Stirn

silmä
das Auge

olkapää
die Schulter

sormet
der Finger

kasvot
das Gesicht

leuka
das Kinn

käsi
die Hand

rinta
die Brust

jalka
das Bein

käsivarsi
der Arm

vauva

das Baby

mies

der Mann

nainen

die Frau

tyttö

das Mädchen

poika

der Junge

pää

der Kopf

selkä

der Rücken

maha

der Bauch

napa

der Nabel

varvas

der Zeh

kantapää

die Ferse

luu

der Knochen

lantio

die Hüfte

polvi

das Knie

kyynärpää

der Ellenbogen

nenä

die Nase

takapuoli

das Gesäß

iho

die Haut

poski

die Wange

korva

das Ohr

huuli

die Lippe

suu

der Mund

hammas

der Zahn

kieli

die Zunge

aivot

das Gehirn

sydän

das Herz

lihas

der Muskel

keuhkot

die Lunge

maksa

die Leber

vatsa

der Magen

munuaiset

die Nieren

seksi

der Geschlechtsverkehr

kondomi

das Kondom

munasolu

die Eizelle

sperma

das Sperma

raskaus

die Schwangerschaft

vartalo - der Körper

kuukautiset

die Menstruation

vagina

die Vagina

penis

der Penis

kulmakarvat

die Augenbraue

hiukset

das Haar

niska

der Hals

sairaala
das Krankenhaus

ambulanssi
der Krankenwagen

pyörätuoli
der Rollstuhl

murtuma
der Bruch

lääkäri

der Arzt

ensiapu

die Notaufnahme

sairaanhoitaja

die Krankenschwester

hätätilanne

der Notfall

tajuton

ohnmächtig

kipu

der Schmerz

vamma

die Verletzung

verenvuoto

die Blutung

sydänkohtaus

der Herzinfarkt

aivoinfarkti

der Schlaganfall

allergia

die Allergie

yskä

der Husten

kuume

das Fieber

flunssa

die Grippe

ripuli

der Durchfall

päänsärky

die Kopfschmerzen

syöpä

der Krebs

diabetes

die Diabetis

kirurgi

der Chirurg

veitsi

das Skalpell

leikkaus

die Operation

ct
das CT

röntgen
das Röntgen

ultraääni
das Ultraschall

maski
die Maske

sairaus
die Krankheit

odotushuone
das Wartezimmer

sauva
die Krücke

laastari
das Pflaster

side
der Verband

pistos
die Injektion

stetoskooppi
das Stethoskop

paarit
die Trage

kuumemittari
das Thermometer

syntymä
die Geburt

ylipaino
das Übergewicht

kuulolaite

das Hörgerät

desinfiointiaine

das Desinfektionsmittel

infektio

die Infektion

virus

das Virus

HIV / AIDS

das HIV / AIDS

lääke

die Medizin

rokotus

die Impfung

tabletit

die Tabletten

pilleri

die Pille

hätäpuhelu

der Notruf

verenpainemittari

das Blutdruck-Messgerät

sairas / terve

krank / gesund

Apua!

Hilfe!

hälytys

der Alarm

ryöstö

der Überfall

hyökkäys

der Angriff

vaara

die Gefahr

hätäuloskäynti

der Notausgang

Tulipalo!

Feuer!

palosammutin

der Feuerlöscher

onnettomuus

der Unfall

ensiapulaukku

der Erste-Hilfe-Koffer

SOS

SOS

poliisilaitos

die Polizei

Eurooppa

das Europa

Pohjois-Amerikka

das Nordamerika

Etelä-Amerikka

das Südamerika

Afrikka

das Afrika

Aasia

das Asien

Australia

das Australien

Atlantin valtameri

der Atlantik

Tyynimeri

der Pazifik

Intian valtameri

der Indische Ozean

Eteläinen jäämeri

der Antarktische Ozean

Pohjoinen jäämeri

der Arktische Ozean

pohjoisnapa

der Nordpol

etelänapa

der Südpol

Antarktis

die Antarktis

maa

die Erde

maa

das Land

meri

das Meer

saari

die Insel

kansa

die Nation

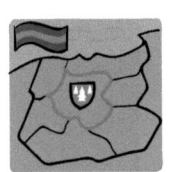

osavaltio

der Staat

maa - die Erde

kellotaulu

das Zifferblatt

tuntiviisari

der Stundenzeiger

minuuttiviisari

der Minutenzeiger

sekuntiviisari

der Sekundenzeiger

Paljonko kello on?

Wie spät ist es?

päivä

der Tag

aika

die Zeit

nyt

jetzt

digitaalikello

die Digitaluhr

minuutti

die Minute

tunti

die Stunde

viikko
die Woche

maanantai
der Montag

keskiviikko
der Mittwoch

perjantai
der Freitag

lauantai
der Samstag

tiistai
der Dienstag

torstai
der Donnerstag

sunnuntai
der Sonntag

eilen

gestern

tänään

heute

huomenna

morgen

aamu

der Morgen

keskipäivä

der Mittag

ilta

der Abend

työpäivät

die Arbeitstage

viikonloppu

das Wochenende

sade
der Regen

sateenkaari
der Regenbogen

lumi
der Schnee

tuuli
der Wind

kevät
der Frühling

syksy
der Herbst

kesä
der Sommer

talvi
der Winter

4.APRIL	11°	☀
5.APRIL	4°	☁
6.APRIL	13°	☂
7.APRIL	8°	❄
8.APRIL	10°	☀

sääennuste
die Wettervorhersage

lämpömittari
das Thermometer

auringonpaiste
der Sonnenschein

pilvi
die Wolke

sumu
der Nebel

ilmankosteus
die Luftfeuchtigkeit

salama

der Blitz

ukkonen

der Donner

myrsky

der Sturm

rae

der Hagel

monsuuni

der Monsun

tulva

die Flut

jää

das Eis

tammikuu

der Januar

helmikuu

der Februar

maaliskuu

der März

huhtikuu

der April

toukokuu

der Mai

kesäkuu

der Juni

heinäkuu

der Juli

elokuu

der August

syyskuu

der September

lokakuu

der Oktober

marraskuu

der November

joulukuu

der Dezember

muodot
die Formen

ympyrä

der Kreis

neliö

das Quadrat

suorakulmio

das Rechteck

kolmio

das Dreieck

pallo

die Kugel

kuutio

der Würfel

valkoinen

weiß

keltainen

gelb

oranssi

orange

vaaleanpunainen

pink

punainen

rot

violetti

lila

sininen

blau

vihreä

grün

ruskea

braun

harmaa

grau

musta

schwarz

paljon / vähän
viel / wenig

vihainen / ystävällinen
wütend / friedlich

kaunis / ruma
hübsch / hässlich

alku / loppu
der Anfang / das Ende

suuri / pieni
groß / klein

vaalea / tumma
hell / dunkel

veli / sisko
r Bruder / die Schwester

puhdas / likainen
sauber / schmutzig

täydellinen / epätäydellinen

vollständig / unvollständig

päivä / yö
der Tag / die Nacht

kuollut / elävä
tot / lebendig

leveä / kapea
breit / schmal

syötävä / syömäkelvoton

genießbar / ungenießbar

paha / kiltti

böse / freundlich

innostunut / tylsistynyt

aufgeregt / gelangweilt

lihava / laiha

dick / dünn

ensimmäinen / viimeinen

zuerst / zuletzt

ystävä / vihollinen

der Freund / der Feind

täysi / tyhjä

voll / leer

kova / pehmeä

hart / weich

painava / kevyt

schwer / leicht

nälkä / jano

der Hunger / der Durst

sairas / terve

krank / gesund

laiton / laillinen

illegal / legal

älykäs / tyhmä

intelligent / dumm

vasen / oikea

links / rechts

lähellä / kaukana

nah / fern

uusi / käytetty

neu / gebraucht

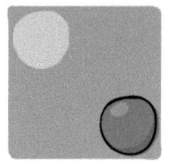

ei mitään / jotain

nichts / etwas

vanha / nuori

alt / jung

päällä / pois päältä

an / aus

auki / kiinni

offen / geschlossen

hiljainen / äänekäs

leise / laut

rikas / köyhä

reich / arm

oikein / väärin

richtig / falsch

karhea / sileä

rau / glatt

surullinen / iloinen

traurig / glücklich

lyhyt / pitkä

kurz / lang

hidas / nopea

langsam / schnell

märkä / kuiva

nass / trocken

lämmin / viileä

warm / kühl

sota / rauha

der Krieg / der Frieden

0

nolla

null

1

yksi

eins

2

kaksi

zwei

3

kolme

drei

4

neljä

vier

5

viisi

fünf

6

kuusi

sechs

7

seitsemän

sieben

8

kahdeksan

acht

9

yhdeksän

neun

10

kymmenen

zehn

11

yksitoista

elf

12

kaksitoista

zwölf

13

kolmetoista

dreizehn

14

neljätoista

vierzehn

15

viisitoista

fünfzehn

16

kuusitoista

sechzehn

17

seitsemäntoista

siebzehn

18

kahdeksantoista

achtzehn

19

yhdeksäntoista

neunzehn

20

kaksikymmentä

zwanzig

100

sata

hundert

1.000

tuhat

tausend

1.000.000

miljoona

million

die Sprachen

englanti

Englisch

amerikanenglanti

Amerikanisches Englisch

mandariinikiina

Chinesisch Mandarin

hindi

Hindi

espanja

Spanisch

ranska

Französisch

arabia

Arabisch

venäjä

Russisch

portugali

Portugiesisch

bengali

Bengalisch

saksa

Deutsch

japani

Japanisch

minä
....
ich

sinä
....
du

hän
....
er / sie / es

me
....
wir

te
....
ihr

he
....
sie

kuka?
....
wer?

mitä / mikä?
....
was?

miten?
....
wie?

missä?
....
wo?

milloin?
....
wann?

nimi
....
Name

takana

hinter

sisällä

in

edessä

vor

yläpuolella

über

päällä

auf

alapuolella

unter

vieressä

neben

välissä

zwischen

paikka

der Ort